남호영 글

어린이 여러분, 나는 서울대학교 수학교육과를 졸업하고
이학 박사 학위를 받은 수학자이자 교사예요.
고등학교와 대학교에서 여러분 같은 학생들에게 수학을 가르쳤고,
인간의 역사와 얽히고설키며 발전해 온 수학을 그 역사 속에서
생생하게 볼 수 있도록 하는 작업을 계속해 나가고 있지요.
지은 책으로는 어린이들을 위한 수학 동화 《원의 비밀을 찾아라》, 《달려라 사각 바퀴야》,
수학의 관점에서 여행과 문화를 녹여 낸 《수학 끼고 가는 서울 1》, 《수학 끼고 가는 이탈리아》,
과학의 역사에서 동양과 신비주의의 역할을 복원한 《코페르니쿠스의 거인, 뉴턴의 거인》,
그리고 《선생님도 놀란 초등수학 뒤집기 시리즈》 등이 있으며,
중학교 수학 교과서(디딤돌, 7차 교육과정)도 썼답니다.

정민영 그림

안녕하세요. 삽화가 정민영입니다. 때론 재미있고 때론 조금 어려운 생각과 글이
한 장의 그림으로 '짠!' 하고 보이는 순간이 즐거워 그림을 그리게 되었습니다.
여러분들이 이 책을 황당하지만 재미있게 읽기를 기대하며 그렸어요.
《십대를 위한 경제 교과서》, 《보통의 우리가 알아야 할 과학》,
《중학 독서평설》에서도 제 그림을 만날 수 있어요.

와이즈만 영재교육연구소 감수

창의 영재수학과 창의 영재과학 교재 및 프로그램을 개발했습니다.
구성주의 이론에 입각한 교수학습 이론과 창의성 이론 및 선진교육 이론 연구 등에도
전념하고 있습니다. 국내 최고의 사설 영재교육 기관인 와이즈만 영재교육에
교육 콘텐츠를 제공하고 교사 교육을 담당하고 있습니다.

황당하지만 수학입니다

② 하루에 거짓말 몇 번이나 하니?

와이즈만 BOOKs

1판 1쇄 발행 2022년 12월 20일 | 1판 3쇄 발행 2025년 6월 20일

글 남호영 | **그림** 정민영 | **감수** 와이즈만 영재교육연구소
발행처 와이즈만 BOOKs | **발행인** 염만숙 | **출판사업본부장** 김현정 | **편집** 김예지 양다운 이지웅
기획·진행 CASA LIBRO | **디자인** SALT&PEPPER Communications | **마케팅** 강윤현 백미영 장하라

출판등록 1998년 7월 23일 제1998-000170호 | **제조국** 대한민국
주소 서울특별시 서초구 남부순환로 2219 나노빌딩 5층
전화 마케팅 02-2033-8987 | **편집** 02-2033-8928 | **팩스** 02-3474-1411
전자우편 books@askwhy.co.kr | **홈페이지** mindalive.co.kr | **사용 연령** 8세 이상
ISBN 979-11-90744-81-2 74410 979-11-90744-79-9(세트)

ⓒ2022, 남호영 정민영 CASA LIBRO
이 책의 저작권은 남호영, 정민영, CASA LIBRO에게 있습니다.
저자와 출판사의 허락 없이 내용의 일부를 인용하거나 발췌하는 것을 금합니다.

잘못된 책은 구입처에서 바꿔 드립니다.

와이즈만 BOOKs는 (주)창의와탐구의 출판 브랜드입니다.
KC마크는 이 제품이 공통안전기준에 적합하였음을 의미합니다.

황당하지만 수학입니다

② 하루에 거짓말 몇 번이나 하니?

남호영 글 | 정민영 그림
와이즈만 영재교육연구소 감수

수학
좋아하니?

좋아한다고? 반갑구나. 하지만 '수학'이라는 말만 들어도 마음이
무거워지는 친구도 많지. 수학을 잘하고 싶은데
계산은 늘 실수투성이고 숫자는 복잡하니까.
그래서 수학을 '이그노벨상'과 함께 알아보려 해.

이그노벨상을 받은 연구 중에서 수학상을 받은 건 몇 개밖에 없어.
다섯 손가락에 꼽을 정도야. 그래서 수학상을 받지 않았더라도
패턴과 관련 있는 연구를 10개 뽑아 엮었어.
책을 읽으며 웃다 보면 수학이 친숙하게 느껴지고 좋아질 거야.

어쩌면 너를 꼭 닮은 친구 '나', 그리고 앉으나 서나 수학하는
파이쌤의 안내에 따라 조금씩 천천히 황당한 수학의 세계로
들어와 봐!

이그노벨상부터 알아볼까?

1991년 하버드대학교의 유머 과학 잡지사가 만든 상이야.
학문에 대한 사람들의 관심을 높이기 위해 기발한 연구와 업적에
주는 상이지. 수학을 비롯해서 물리, 화학, 의학, 생물, 평화 등
여러 분야에 걸쳐 수상자를 선정해.

이그노벨상을 수상한 연구는 정말 황당해.
어떤 때는 어이가 없을 정도야. 하지만 '이런 것도 연구하는구나!'
'수학은 우리 생활 속에 있구나!'라는 걸 깨닫게 해 주지.
시상식 포스터에는 로댕의 〈생각하는 사람〉이 바닥에 등을 대고
누워 있는 그림이 있어. '발상의 전환'을 나타내는 거래.

자, 그럼 우리도 고정 관념이나 일반적인 생각에서 벗어나
이 책에 가득한 황당하고 기발한 생각으로 발상을 전환해 볼까?

차례

1 하루에 거짓말 몇 번이나 하니? ········· 9
  - 궁금하면 표를 봐! ········· 13

2 어느 나라 지폐에 세균이 가장 많을까? ········· 17
  - 비교도 표가 딱이야! ········· 21

3 코뿔소 이동 대작전 ········· 25
  - 코뿔소 보호도 표로! ········· 29

4 롤러코스터를 타면 결석이 치료된다고? ········· 33
  - 복잡한 정보를 한눈에! ········· 37

5 차가 먼저냐, 우유가 먼저냐? ········· 41
  - 차를 맛있게 타는 알고리즘 ········· 45

6 스마트 좀비가
　나타났어요! ······························ 49
　- 패턴 훼방꾼, 스몸비 ···················· 53

7 키보드는 고양이를
　알아채! ································· 57
　- 발바닥이게, 손가락이게? ················ 61

8 🚙에 붙은 그 찐득한 것 ················· 65
　- 패턴을 찾으려면 빅데이터가 필요해! ······ 69

9 왜 내가 서 있는
　줄만 길까?? ····························· 73
　- 모든 가능성을 봐야 해! ·················· 77

10 🍎와 피부의
　공통점은? ······························ 81
　- 주름의 패턴을 알려 주는 방정식 ·········· 85

주인공이 궁금해요

파이 쌤

먹는 파이도 아니고 와이파이도 아닌 무한소수 원주율 파이(π)처럼 무한한 호기심을 가진 수학 덕후. 수학이 있는 곳이라면 어디든 언제라도 떠날 수 있도록 늘 작은 캐리어를 끌고 다닌다.

나

누가 봐도 우리 동네 최고의 참견쟁이. 호기심 가득, 실행력은 으뜸! 솔직히 수학은 잘 못한다.

1
하루에 거짓말 몇 번이나 하니?

파이쌤 댁에서 한참 놀고 있는데, 스마트폰이 울렸어.

삼점일사일오구이~

벨 소리가 특이하지? 파이쌤이 직접 만들고 부른
'파이송'이야.
쌤 전화기 너머로 나를 찾는 엄마 목소리가 들렸어.
나는 없다고 해달라고 손을 홰홰 저었어.

왜 거짓말을 시키냐?

쉿!

"하긴 사람들은 생각보다 거짓말을 엄청 많이 하지."
"전 별로 안 하는데요."
"하루에 몇 번이나 하는데?"
"음……, 두 번쯤이요?"
"방금 하고 지금 또 했으니 벌써 두 번이네.
하루 두 번은 넘을 것 같은데?"
생각해 보니 두 번은 넘는 것 같기도 하네?
나는 정말로

하루에 거짓말을 몇 번이나 할까?

"사람들이 거짓말을 얼마나 많이 하는지,
얼마나 능숙하게 하는지, 어떤 거짓말을 하는지,
거짓말을 연구한 학자들이 있어."

1997년 미국 서던캘리포니아대학교 심리 연구팀이 성인 20명을 조사했더니 하루에 180번 정도 거짓말을 했어.

2002년 미국 매사추세츠대학교 연구팀이 성인 60명을 조사했더니 하루에 400번 정도 거짓말을 했어.

2014년 캐나다 워털루대학교 연구팀이 조사한 바로는 4살은 2시간에 한 번, 6살은 1시간 30분에 한 번씩 거짓말을 했어. 10살 이후에는 그 횟수가 줄어들었대.

"에이, 사람들이 하루에 거짓말을 몇백 번씩 한다고요?"
거짓말을 밥 먹듯 한다는 말이 있지만,
밥은 하루에 세 번 먹잖아.
"2016년에 이그노벨 심리학상을 받은 네덜란드
암스테르담대학교의 연구팀 결과는 좀 달라.
거짓말을 하루에 두 번 정도 한대."

" 몇백 번 과 두 번 ?

왜 이렇게 차이가 크게 나요?"

하얀 거짓말도 있어서 그래.

거짓말에도 색깔이 있어요?

거짓말
거짓말
거짓말

터무니없는 거짓말을 '새빨간 거짓말'이라고 하듯이
거짓말을 색으로 구분하기도 해.
예를 들어 엄마가 장염으로 병원 다녀오신 날,
네가 아프냐고 여쭤보니, 괜찮다고 하셨지?
엄마는 네가 걱정할까 봐 하얀 거짓말을 하신 거야.

하얀 거짓말은 남에게 해가 되지 않아.
남을 배려하는 거짓말이야.
그래서 착한 거짓말이라고도 해.

연구팀마다 결과가 크게 차이가 났던 건 어디까지를
거짓말이라고 생각했느냐의 차이야. 거짓말을 하루에 180번,
400번 한다는 건 하얀 거짓말까지 거짓말로 본 거야.
이그노벨상을 받은 연구팀은 우리가 흔히 하는
다음과 같은 하얀 거짓말은 포함시키지 않았던 거지.
자, 봐! 우리가 자주 하는 말들이야.

어디까지를 거짓말로 볼 것인가에 대한 정답은 없어. 어떤 기준으로 연구 결과를 내놓았는지를 살펴야 해. 그런데 왜 암스테르담대학교 연구팀만 이그노벨상을 받았을까? 이전 연구팀들은 주로 10~300명 정도의 성인들을 대상으로 조사했지만, 암스테르담대학교 연구팀은 6~77세까지 1,005명을 조사했어. 덕분에

나이대별로 사람들이 얼마나 거짓말 을 하는지 알 수 있게 됐지.

자, 어느 나이대가 거짓말을 가장 많이 하는지 연구팀이 정리한 표를 살펴볼까?

나이	하루 거짓말 횟수의 평균
6-8	1.75
9-12	2.59
13-17	2.80
18-29	1.94
30-44	2.06
45-49	1.82
60-77	1.57
전체 평균	2.19

표를 보면 십 대가 거짓말을 가장 많이 하고, 성인이 되면서 좀 줄어들어. 하루에 평균 2.19번이니까 약 두 번 정도 거짓말을 하는 셈이지. 그런데, 거짓말은 하면 할수록 늘어. 뇌에 있는 *제동 장치 역할을 하는 부위가 힘이 떨어지면서 피노키오처럼 거짓말이 술술 나오게 된대.

*책 마지막 장에서 더 자세한 정보를 확인해 보세요.

2
어느 나라 지폐에 세균이 가장 많을까?

매주 화요일은 파이쌤과 도서관에 가는 날.
책을 고른 후 주위를 둘러보니
쌤이 책 살균기 앞에 서 계시는 거야.
그런데 쌤이 소독기에 뭘 넣은 줄 알아?

"돈이 더럽다고요?"

"그럼, 겉보기에는 깨끗해 보여도

돈에는 *세균이 득시글거려."

"세균이요? 종이예요?"

"지폐는 찢어지지 않게 면섬유로 만들어."

지폐에 있는 세균은 사람들 손에서 나오는 기름이나

각질을 먹고 산대.

온도와 습도가 적당한 지갑에서 번식까지 하고!

그런데 세균이 좋아하는 지폐가 따로 있대.

"**세균**이 어느 나라 **지폐**를 가장 **좋아하는지 연구**한 사람들이 있어."

"와, 이그노벨상 감인데요!"

"맞아! 터키와 네덜란드의 하비프 게딕, 안드레아스 보스, 티머시 보스가 함께 연구해서 2019년 이그노벨 경제학상을 받았어."

1. 우선 여러 나라의 지폐를 모아요.

2. 모은 지폐를 살균하죠.

3. 깨끗해진 지폐에 세 종류의 세균을 넣어요.

4. 지폐를 35도의 온도에 24시간 동안 두면 끝!

"그 이전에도 지폐에 세균이 얼마나 많은지, 어떤 세균들이 있는지 연구했지만, **여러 나라의 지폐를 비교한 연구는** 게딕 박사 팀이 처음이야."

게딕 박사 팀은 살균한 지폐 일곱 종류에 포도알균, 장알균, 대장균을 만들어내는 효소 세 가지를 넣었어.
그러고는 균들이 언제까지 살아 있는지 알아내기 위해서 3시간, 6시간, 24시간 뒤 세균 수를 검사했어.

3시간 후 세균 수를 조사해서 표로 정리했어.

화폐	항생제내성 포도알균	항생제내성 장알균	대장균
유럽 연합(유로)	없다	적다	적다
크로아티아(쿠나)	없다	없다	없다
루마니아(레우)	많다	많다	많다
모로코(디르함)	없다	적다	없다
미국(달러)	적다	없다	적다
캐나다(캐나다 달러)	적다	없다	없다
인도(루피)	없다	적다	없다

6시간과 24시간 뒤에는 어떤 결과가 나왔는지 표로 비교해 볼까?

루마니아 지폐에는 6시간 후에도 세 종류 세균이 모두 많네요.

시간(h)	화폐	항생제 내성 포도알균	항생제 내성 장알균	대장균
6	유럽 연합(유로)	없다	적다	적다
	크로아티아(쿠나)	없다	없다	없다
	루마니아(레우)	많다	많다	많다
	모로코(디르함)	없다	적다	없다
	미국(달러)	적다	없다	적다
	캐나다(캐나다 달러)	적다	없다	없다
	인도(루피)	없다	적다	없다
24	유럽 연합(유로)	없다	없다	없다
	크로아티아(쿠나)	없다	없다	없다
	루마니아(레우)	중간	없다	없다
	모로코(디르함)	없다	없다	없다
	미국(달러)	없다	없다	없다
	캐나다(캐나다 달러)	없다	없다	없다
	인도(루피)	없다		

24시간 후에도 세균이 살아 있는 건 루마니아 지폐뿐이야.

루마니아 지폐는 다른 나라 지폐와 뭐가 다를까?
나라마다 지폐를 만드는 방법은 비밀이야.
위조할 수 없게 만들어야 하니까.

세균들이 **루마니아 지폐**를
좋아하게 된 이유는
지폐를 만드는 방법 안에 담겨 있을 거야.

물론 당연히 의도한 건 아니겠지?

3
코뿔소 이동 대작전

여긴 아프리카 남부 초원이야.
와, 코뿔소를 직접 보다니!
"저렇게 덩치 큰 코뿔소가 고작 나뭇잎을 먹고 산다니,
정말 신기해요."
"코뿔소보다 더 큰 코끼리도 초식 동물이잖니."

"쌤, 그런데 저 코뿔소는 혼자 사나 봐요.
주위에 다른 코뿔소가 없어요!"
"저건 검은코뿔소인데, 어른이 되면 혼자 살아.
무리를 짓지 않는 고독한 동물이지.
야생에서 코뿔소는 천적이 거의 없어.
사자도 코뿔소의 박치기 한번이면 끝장이지."

"코뿔소가 사람에게는 잡혔단 말이네요?"
"동물에게는 사람이 가장 위험한 존재잖니.
1970년까지는 검은코뿔소가 10만 마리 정도 있었는데,
1995년에는 2,400마리로 98퍼센트나 줄어들었어."
"그렇게나 많이요?"
"밀렵과 밀거래가 많이 벌어졌기 때문이야.
코뿔소의 뿔이 온갖 질병을 낫게 한다는 소문이 퍼졌어.
뿔로 멋진 칼자루를 만들기도 했지."
사람들이 코뿔소 뿔을 원하자

밀렵꾼들이 아프리카 초원을 누비며 코뿔소를 죽였대.

파이쌤 이야기를 듣고 있는데, 저쪽에서 헬리콥터 소리가 들렸어.
"쌤, 코뿔소가 공중에 매달려 있어요!"
"코뿔소를 안전한 곳으로 옮기는 거란다."

파이쌤이 알려 주마
코뿔소 보호도 프로!

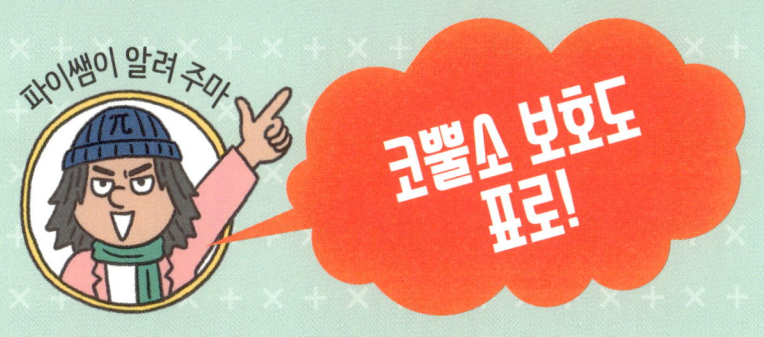

밀렵꾼들이 자주 나타나는 곳이나 단속이 어려운 곳에 사는 코뿔소는 지킬 수가 없었어. 또 코뿔소는 넓은 지역에 드문드문 퍼져 있어 짝짓기 상대를 만나기도 어려웠어. 그래서 짝을 만나

새끼도 낳고 안전하게 살라고 코뿔소를 옮겨 주는 거야.

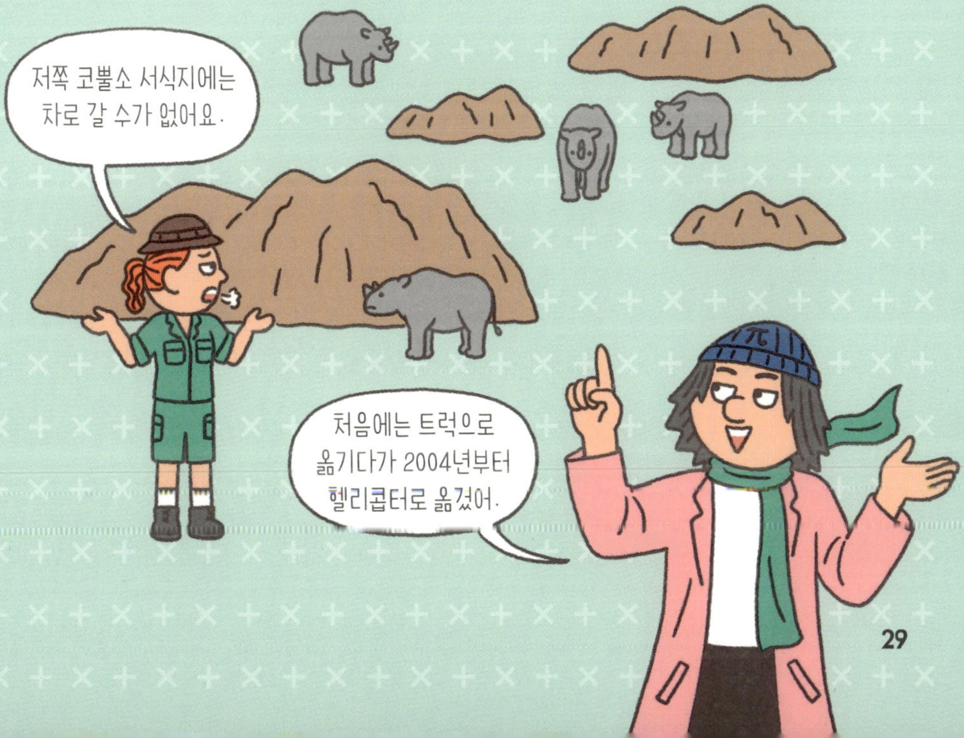
저쪽 코뿔소 서식지에는 차로 갈 수가 없어요.
처음에는 트럭으로 옮기다가 2004년부터 헬리콥터로 옮겼어.

헬리콥터에 매달린 코뿔소는 누가 봐도 불쌍해 보이지. 그래서 나미비아 정부는 미국 코넬대학교 의과대학 로빈 래드클리프 교수팀에게 **코뿔소를 옮기는 데 트럭이 나은지 헬리콥터가 나은지** 연구해 달라고 했어.

코뿔소에게는 에토르핀이라는 강력한 마취 진정제를 놓기 때문에 이동 시간이 짧을수록 좋습니다.

마취 상태에 어떤 자세로 있느냐가 폐와 심혈관 기능에 영향을 미칩니다.

헬리콥터로 빠르게 옮기되, 눕히는 것과 매다는 것 두 가지 방법을 비교합시다.

중요한 건 자세야. 코뿔소 12마리를 마취해서 그중 6마리는 옆으로 눕히고, 나머지 6마리는 다리를 매달았어. 그다음 옆으로 눕혔던 6마리는 매달고, 매달았던 6마리는 눕혔고. **어떤 자세가 나은지 공평하게 비교하는 거야.**

10분 동안 자세를 유지한 후 측정한 결과는 아래와 같았어.

다리를 매달아 이동시키는 방법이
코뿔소에게 더 이롭다는 결과를 얻었어.
동물 학대가 아니라
동물 보호였던 거야.

차가 갈 수 없는 험난한 곳까지 접근할 수 있고
옮기는 시간이 짧아 마취 시간도 줄어들고,
옆으로 눕히는 것보다는 숨쉬기도 더 편하고
산소 공급도 더 많이 된다는 거야.
더구나 옆으로 눕히면 엄청난 몸무게 때문에 뼈와 근육에
무리가 가는데, 거꾸로 매달면 그럴 위험도 없어.

사람도 물구나무서는 게
혈액 순환에 좋대요.

이번엔 사람 보호구나.
하하!

압!

4
롤러코스터를 타면 결석이 치료된다고?

나는 심각한데, 파이쌤은 생글생글 웃으면서
내 머리를 쓰다듬으시는 거야.
"아니요, 엄마가 지난주에 병원에서 콩팥에 있는 돌을
깨뜨려서 꺼냈나던데요?"

"아하, 신장 결석 말이구나. 신장이 콩팥인데, 콩팥 안에 돌처럼 단단한 게 생기는 것을 말해."
"콩팥에 있는 돌을 어떻게 깨요? 보이지도 않는데."
"시술 장면을 볼까? 에너지가 높은 충격파를 몸에 쏘는 거야. 체외 충격파라고 해. 말 그대로 몸 바깥에서 고에너지파를 쏴서 신장 안에 있는 결석을 깨뜨리는 거야."

그럼, 총 쏘는 거 같은 거예요?

비슷하지만 사람이 다치면 안 되니까 이 장치는 타원의 원리를 이용해.

"충격파를 쏘면 몸을 지날 때는 넓게 퍼져서 들어가.
결석을 깨뜨리는 에너지가 1,000이라면,
우리 몸 표면에는 넓은 부위로 흩어져서 1도 안 되는
에너지로 지나가.
피부를 통과한 충격파는 모두 결석에 퍼붓듯 쏟아져.
그러면 충격파를 맞은 결석은 산산조각이 나지."

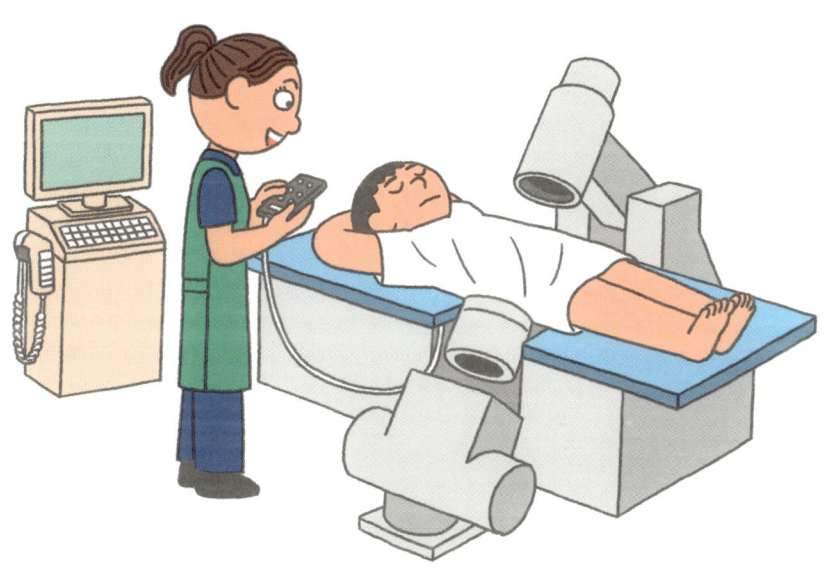

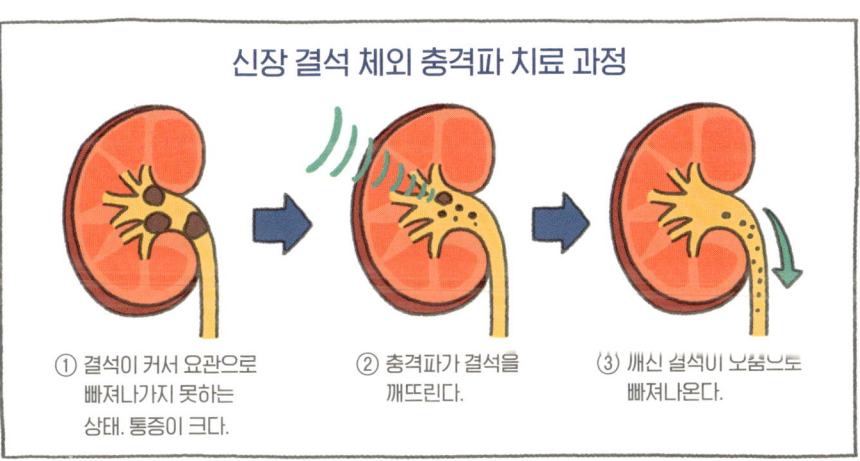

신장 결석 체외 충격파 치료 과정

① 결석이 커서 요관으로 빠져나가지 못하는 상태. 통증이 크다.
② 충격파가 결석을 깨뜨린다.
③ 깨신 설석이 노움으도 빠져나온다.

"충격파로 신장 결석을 쪼개는 것까지가 병원 치료야. 충격파를 맞아서 잘게 쪼개진 결석 부스러기들은 오줌으로 나와. 빠져나오는 데 몇 달이 걸리기도 해."
"그동안은 아프지 않아요?"
"**더 빨리 빠져나오게 하는 방법이** 있는데 알려 줄까? 재발을 예방하는 방법도 되지."

*롤러코스터를 타면 결석이 없어진대. 이걸 실험으로 밝혀서 2018년에 이그노벨 의학상을 받은 사람들이 있어.

놀이공원에 있는 롤러코스터요?

미국 미시간주립대학교의 데이비드 워팅거와 마크 미첼이 바로 그 주인공이야. 두 사람은 **롤러코스터를 여러 번 탄 사람이 신장 결석이 치료되었다**는 말을 들었어. 그 말이 사실인지 확인하기 위해 실험을 하기로 했지. 이 실험을 하려면 두 가지는 꼭 있어야 해. 신장 결석과 롤러코스터!

> 실험은 사람들에게 신뢰를 줘야 하니
> 빈틈없이 준비해야 하고 또 여러 번 해야 해.

두 사람은 3D프린터로 세 가지 크기의 인공 결석 여러 개를 만들고, 실리콘으로 투명한 인공 신장도 만들었어. 결석 크기별로 1개씩 총 3개를 인공 신장에 넣고 오줌을 채웠지. 그걸 들고 무려 20번이나 롤러코스터를 탔어.

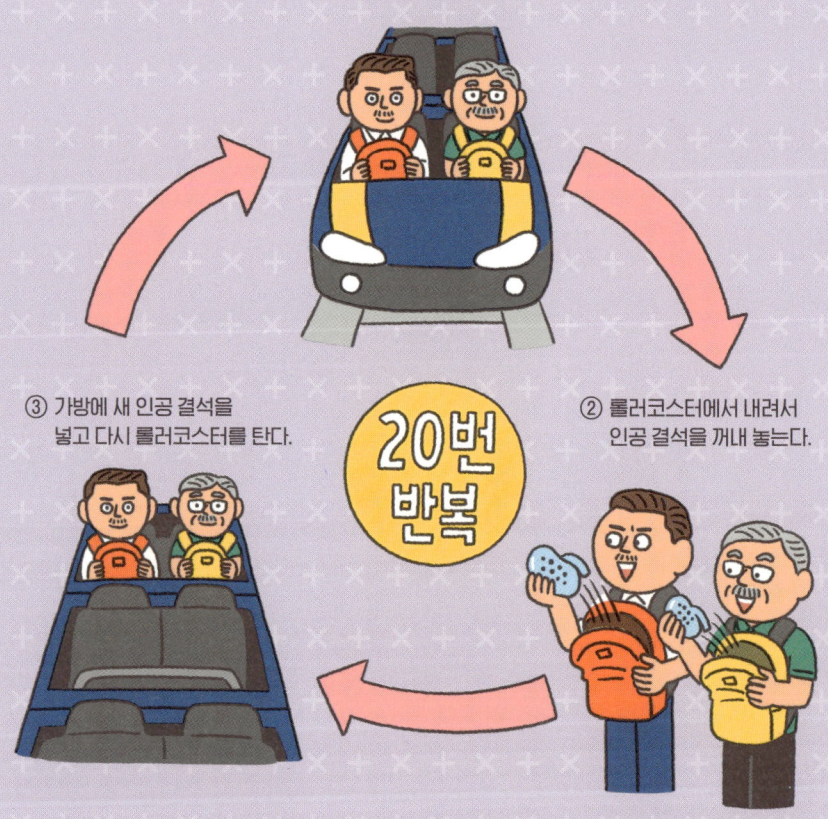

① 가방에 인공 결석을 넣고 롤러코스터를 탄다.
② 롤러코스터에서 내려서 인공 결석을 꺼내 놓는다.
③ 가방에 새 인공 결석을 넣고 다시 롤러코스터를 탄다.

20번 반복

복잡한 실험 결과도 표로 정리하면 한눈에 들어와.

인공 결석 60개 중에 몇 개나 깨졌는지 실험 결과를 정리한 표야. 이 표를 보면, 롤러코스터의 앞쪽에 탔을 때는 결석의 17퍼센트밖에 깨지지 않았지만, 뒤쪽에 탔을 때는 약 64퍼센트나 깨졌어.

탑승 위치	인공 결석 크기별 깨진 개수/전체 개수			깨진 개수 / 전체 개수	백분율
	작은 것	중간 것	큰 것		
앞쪽	1/8	1/8	2/8	4/24	17%
뒤쪽	8/12	7/12	8/12	23/36	64%

표를 더 자세히 보면

인공 결석이 신장의 위쪽에 놓일 정도로 살짝 높게 들고 탔을 때는 12개 중 12개 모두 깨졌어. 100 퍼센트 깨졌다니 놀랍지?

탑승 위치		인공 결석 크기별 깨진 개수/전체 개수			깨진 개수 / 전체 개수
		작은 것	중간 것	큰 것	
뒤쪽	위	4/4	4/4	4/4	12/12
	중간	3/3	1/4	1/2	5/9
	아래	1/5	2/4	3/6	6/15

5
차가 먼저냐, 우유가 먼저냐?

파이쌤이 점심으로 탕수육을 시키셨어.
탕수육이 배달되자마자
나는 소스 그릇부터 움켜잡았어.
"왜 그러니?"

파이쌤이 앞접시를 내밀며 말씀하셨어.

"우리나라에 부먹파와 찍먹파의 논쟁이 있다면, 영국엔 '우유 먼저 차 먼저' 논쟁이 있지."

"맛있는 탕수육도 아니고, 차를 가지고 싸워요?"

"물이 안 좋은 영국에서는 차 문화가 발달했거든. 영국인들은 하루에 서너 번 차를 마셔. 그중에서도 오후 4시쯤 마시는 차를 가장 즐기지."

"찻잔에 우유를 먼저 붓냐, 차를 먼저 붓냐는 백 년도 더 된 논쟁이야."

"그래서 결론은 났어요?"

"작가 조지 오웰은 1946년에 《완벽한 차 한 잔》이라는 수필에서 맛있는 차를 만드는 비법을 공개했어."

"그래도 논쟁은 끝나지 않았지. 드디어 1999년에 영국 국가표준기구는 차 한 잔 끓이는 표준 절차를 발표했어. 그 공로는 충분히 이그노벨 문학상을 받을 만해."

절차는 다른 말로 * 알고리즘 이라고도 해.

영국 국가표준기구가 발표한 절차가 궁금하지?
우유를 먼저 부은 건 찻잔이 깨지는 걸 방지하기
위해서였다고 해. 옛날에는 자기의 품질이 좋지 않았거든.
뜨거운 차를 부으면 자기가 깨질 우려가 있으니까 우유를
먼저 부어 온도를 낮춘 거야.

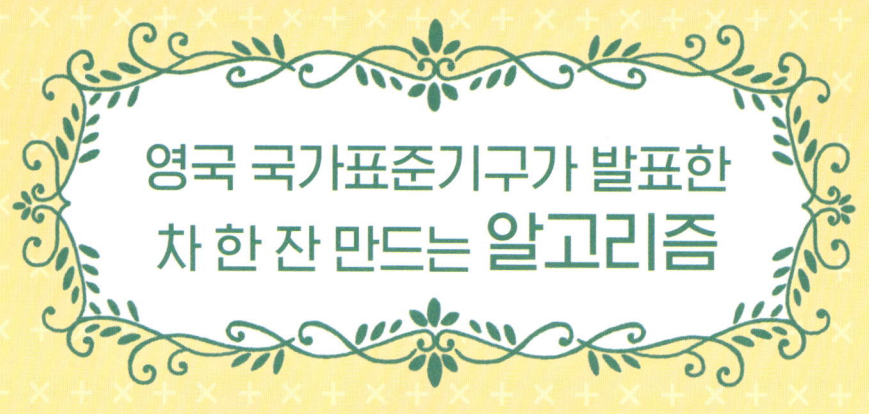

6분이 차 우리기엔 너무 길다는 사람도 있지만
차에 대해 아무것도 모르는 사람도
이 알고리즘을 따라 하면 차 한 잔을 만들 수 있어.

알고리즘 은 그런 거야. **정해진 절차!**

6
스마트 좀비가 나타났어요!

오늘은 파이쌤과 좀비 영화를 보고 나왔어.
좀비는 좀 불쌍하지만 역시 끔찍해.

그런데, 파이쌤이 대답하지 않으시는 거야.
좀비가 있다는 건가?

"저런 사람들도 좀비나 마찬가지 아닐까? **스몸비**라고 하더라. 스마트폰 좀비!"

"그걸 실험으로 밝힌 일본 교토 공예섬유대학교 연구팀이 2021년 이그노벨 역학상을 받았단다."

"와, 그런데 보행 흐름이 뭐예요?"

"사람들이 많이 걷는 곳에선 걸을 때 ***패턴**이 생겨. 이런 패턴이 **보행 흐름**이지."

"패턴이요?"

"암, 패턴이지. 패턴을 어떻게 분석하는지 알려 주마."

패턴 훼방꾼, 스몸비

교토 공예섬유대학교 연구팀은
스몸비들이 보행 흐름을 방해하는지 알아보기 위해서 실험하기로 했어.
적당한 폭의 직선 통로에 사람 57명을 모았어.
27명씩 나눈 두 그룹은 각각 양쪽에서 걸어오고, 나머지 3명은 한쪽 그룹의 앞에서 스마트폰을 보면서 걸어가게 했어.

사람들로 가득 찬 인도를 걷고 있다고 생각해 봐. 마주 오는 사람들과 부딪히지 않으려고 같은 방향으로 가는 앞사람의 뒤를 쫓아갈 거야.
그러면 **보행 흐름이 만들어져.**
➡️ 쪽으로 가는 빨간 모자 사람들은 앞의 빨간 모자 사람 뒤를 따라가면서 흐름을 만들어.
⬅️ 쪽으로 가는 노란 모자 사람들은 앞의 노란 모자 사람 뒤를 따라가면서 흐름을 만들어.

와, 마치 빨강, 노랑 줄무늬 같아요.

맞아, 패턴이 만들어지지!

그런데 스마트폰을 보면서 걷기로 한 세 명이 앞쪽에서 출발하면 이런 그림이 나와.
보행 흐름이 만들어지지 않아.
사람들이 섞이고 마구 엉키면 보행 속도도 떨어져. 스마트폰을 보며 걷는 사람이 주변 사람들과 부딪치지 않으려고 갑자기 방향을 바꾸거나 움직이기 때문이야.

우리가 사람이 많은 곳에서도 안전하게 걸을 수 있는 건 보행 흐름이 생기기 때문이야.
우측 통행을 하라는 건 우측으로 보행 흐름을 만들어 가라는 거지.

모두가 우측 보행이라는 패턴을 따르면 안전하거든.
마구잡이로 섞여 가는 것보다 더 빠르기도 하고!

좀비 아니고 사람 갑니다!

우측 통행해야지!

7
키보드는 고양이를 알아채!

오늘은 냥냥이와 함께 파이쌤 댁에 놀러 왔어.
냥냥이는 온 집 안을 돌아다니기 바빠.
"냥냥아, 사고 치면 안 돼!"
나는 냥냥이가 뭐라도 넘어뜨릴까 봐 조심스러운데,
냥냥이는 거실로, 방으로, 주방으로 마구 돌아다녀.
마치 집을 검사하는 거 같아.

한참 파이쌤과 얘기하다 보니 냥냥이가 궁금해졌어.
"쌤, 냥냥이가 키보드 위에 올라갔어요!"
덩달아 놀란 쌤이 뛰어 들어오자 냥냥이는 슬쩍 나가 버렸어.
"아이고, 작업하던 파일이 날아갔나 봐."

"쌤, 죄송해서 어떡하죠?"
"아니다. 고양이를 감지하는 소프트웨어를 설치했어야 했는데……."
"그런 것도 있어요?"
"미국 프로그래머 크리스 니스완더가 **고양이가 키보드 위에 올라왔는지 감지하는 소프트웨어**를 만들어서 고양이 집사들에게 큰 환영을 받았지."

"그런데 컴퓨터가 고양이인 줄 어떻게 알아요?"
"그게 바로 패턴의 힘이란다.

입력되는 정보로 사람이 작업하는 건지 고양이가 마구 누르는 건지 판단하는 거지."
"걸을 때도 패턴을 찾더니 고양이 발바닥에서도 패턴을 찾나 봐요?"

발바닥이게, 손가락이게?

파이쌤이 알려 주마

니스완더의 여동생은 고양이를 키웠어.
그런데 고양이가 키보드 위에 올라오는 일이 너무 잦았대.
고양이가 키를 누르게 되니 작업을 망치는 것은 물론
파일이 삭제되기도 했어. 아무 키나 마구 누르는 바람에
컴퓨터가 먹통이 되기도 했지.
니스완더는 사람 손가락이 아니라 **고양이 발바닥이
키보드에 닿으면 즉각 입력을 멈추는 소프트웨어**를
만들기로 했어.

> 컴퓨터가 네 발바닥을
> 어떻게 알아챌 수 있을까?

니스완더는 먼저 고양이 발바닥과 사람 손가락에서 오는 차이에 주목했어. 고양이가 발을 키보드에 내려놓을 때의 **무게와 움직임은 사람 손가락과는 달라.**
키보드는 사람 손가락으로 두드리기에 적당한 크기야. **고양이 발바닥으로 누르면 여러 개가 동시에 눌릴 수 있어. 누르는 속도도 달라.**
컴퓨터는 사람이 키보드로 작업할 때와는 다른, 고양이의 독특한 타이핑 스타일을 감지하는 거야.

나스완더는 그 패턴을 이용해서 고양이가
키보드 위에 발을 올리면 순식간에 감지하는
소프트웨어를 만들었어.

감지하는 순간, 컴퓨터는 키보드에서 입력되는 정보를 차단하고 팝업 창을 띄우는 거야.

나스완더가 만든 소프트웨어를 설치해 놓으면 고양이가
키보드를 마음대로 눌러도 문제가 생기지 않아.
더구나 고양이가 싫어한다는 하모니카 소리와 '스~읍'
같은 소리를 내서 고양이를 가버리게 해.
이 모든 게 패턴의 힘이지.

8
에 붙은 그 찐득한 것

창밖으로 파이쌤이 잡초를 뜯는 걸 보고 있었어.
난 날벌레가 싫어서 풀밭 쪽으로는 잘 가지 않아.
그때 집 밖에 파토쌤 차가 와서 서는 거야.
난 재빨리 튀어 나갔지.

"파토쌤, 차에 뭐가 이렇게 많이 붙었어요?"
"이건 깔따구, 그리고 이건 나방이에요."
이야기 나누시는 두 분 사이로 차를 본 순간,
나는 깜짝 놀랐어. 앞 유리창과 번호판이 온통
얼룩투성이였거든.
파토쌤은 형체를 알아볼 수 없이 퍼져 버린,
회색의 끈적거리는 것을 가리키며 내게 물으셨어.

'하긴 날벌레를 눌러 죽이면 저렇게 되지.' 하고 생각하는데, 파이쌤이 놀라운 얘기를 꺼내셨어.
"어떤 곤충학자는 벌레 자국을 모으려고
2만 킬로미터도 넘게 차를 운전했다면서요."
"네. 벌레 패턴을 찾으려고 고생을 사서 했지요."
"아니, 파토쌤! 누가 그런 연구를 해요?"

"곤충학자 마크 호스테틀러는
그 공로로 1997년에 이그노벨 곤충학상을 받았어.
《당신 차에 붙은 그 찐득한 것》이란 책에는
자동차 창문에 충돌하면서 터져 버린 곤충에 대한
내용이 실려 있어. 네가 말한 얼룩이 어떤 벌레인지
설명해 주는 책이야."

자동차에 부딪혀 죽은 벌레 자국은 바로 닦아내야 해.
시간이 지나면 벌레 몸에서 찐득한 산성 액이 흘러나와
잘 닦이지 않거든.
산성이 점점 강해지면 차를 부식시키기도 해.
호스테틀러도 부지런히 세차를 했어. 그러던 어느 날,
자국만 보고도 어떤 벌레인지 알 수 있지 않을까 하고
생각하게 됐어.

형체가 무너져 버린 자국을 보고 어떤 벌레였는지 알아내는 건 쉬운 일은 아니야. 호스테틀러가 그걸 할 수 있었던 건 곤충학자이기 때문이지.
하지만 **더 중요한 건 엄청난 양의 자국을 모았다는 거야.**
2만 킬로미터 이상 운전한 것도 모자라 버스 50대의 대형 유리창을 청소해 준다고 하면서 조사했대. 그야말로 빅데이터야.

호스테틀러는 엄청나게 많은 벌레 자국의 특징을 잡아 분류했어.
노란색으로 길게 남은 자국은 나비야.
3센티미터 정도로 둥글고 누리끼리한 것은 잠자리이고, 잠자리 자국과 비슷하면서 작은 것은 벌이야.
더 작은, 볼펜 똥만 한 노란 점 또는 빨간 점 같은 자국은 먹파리야.

호스테틀러는 그 지역에 사는 벌레들을 알고 있었어.
어느 계절에 어떤 벌레들이 많이 나타나는지도.
우리나라에 사는 곤충과는 좀 달라. 그래도 작은 곤충은
점처럼 작은 자국을 남기고, 큰 곤충은 대부분 큰 자국을
남겨. 자국 색깔은 그 곤충의 색깔이지만
빨간 색깔은 포유류의 피를 빨아먹는 곤충이란 뜻이야.
그런 게 패턴 이야.

9
왜 내가 서 있는 줄만 길까??

오늘은 흰코뿔소를 보는 날!
헬리콥터로 옮긴다는 검은코뿔소는 아니어도
코뿔소를 직접 보다니 정말 기대돼.

그런데, 서울대공원에 도착하니까 매표소 앞에 사람이 꽉 차 있어.

나는 우리 줄이 줄어들지 않은 걸 내 탓으로 돌리는 재범이에게 화가 났지만, 침을 한 번 꼴깍 삼키고 침착하게 말했어.
"맞다, 잼 바른 빵! 머피의 법칙은 법칙이 아니라고 파토쌤이 알려 주셨잖아."

"맞아. 일이 나쁜 쪽으로 풀린다는 머피의 법칙은
법칙이 아니야. **가능성의 문제**일 뿐이야."
파이쌤이 기특하다는 듯 말씀하셨어.
"줄이 7개니까 우리 줄이 줄어들 가능성은 $\frac{1}{7}$,
다른 줄이 줄어들 가능성은 $\frac{6}{7}$.
당연히 다른 줄이 먼저 줄어들지 않겠니?"

너희들 태어나기도 전 일이야. 제2차 세계대전은 제트 전투기의 시대를 열었어. 제트 비행기는 엄청 높게, 아주 빨리 날아서 오히려 조종사들에게는 좋지 않았어. 가장 심각한 건 비행기가 충돌했을 때야. 충돌로 속도가 급작스럽게 줄어들면 조종사들이 그 압력을 견디지 못하고 기절하는 거야. 탈출해야 살 수 있는데 말이야.

조종사늘이 받는 힘은 버스가 급성거할 때 네가 튕겨 나가면서 받는 힘과 원리는 같아. 그것보다 어마어마하게 세지만.

미국 공군기지에서는 인간이 얼마나 큰 압력까지 버틸 수 있는지, 그 충격을 줄이기 위해서는 어떤 기술이 필요한지 연구하기 시작했어.

그때 엔지니어인 머피가 압력을 정확하게 측정할 수 있게 조종사 좌석에 센서를 설치했어. 설치한 센서는 전선을 두 가닥씩 연결해야 해. 센서 하나에 전선을 연결하는 방법은 두 가지야. 머피는 기술자들이 전선을 반대로 연결할 수도 있겠다고 걱정했어.

실험이 끝나고 살펴보니 모든 센서에 전선이 반대로 연결되어 있었어. 그래서 센서가 작동하지 않은 거야.

이 사건으로 '머피의 법칙'이라는 말이 생겨났어.
이 말이 유명해지자 머피와 조지 니컬스, 그리고 다른
동료들은 머피의 법칙이라는 말을 만든 공로로 2003년에
이그노벨 공학상을 탔어.
그렇지만 일이 운 나쁜 방향으로만 풀린다는
머피의 법칙은 사실이 아니야.
당연히 **법칙**도 아니야.
센서를 반대로 연결한 건 당시 기술자들이 연결할 수 있는
두 가지 방법 중에 하필 잘못된 방법을 택했기 때문이야.

머피의 법칙이 사실이라고 느끼는 건,
일이 잘못된 경우를 더 오래 기억하기 때문이야.

10
🍎와 피부의 공통점은?

파이쌤 댁에 놀러 갔더니
탁자 위에 쭈글쭈글해진 사과가 여러 개 있었어.
심지어 한 입 먹다 만 사과까지.

" 주름 생기는 걸 보려고 실험 하는 거야."
파이쌤은 나를 보지도 않고 대답하셨어.
"뭘 그렇게 보세요?"
내가 가까이 가서 얼굴을 들이밀자,
그제야 눈을 맞추셨어.
"마하데반과 세르다가 쓴 논문이야.
둘은 2002년, 2003년, 2004년 해마다 주름에 대한
논문을 한 편씩 발표했어."

사과도 사람처럼 늙는다니, 짠하네!
"사람은 늙으면서 피부 안쪽의 섬유질이나 액체 성분이 줄어들어. 사과도 시간이 지나면 수분이 빠지면서 과육이 오그라들지.
안쪽은 줄어드는데 겉은 그대로인 거야. **작아진 내부를 같은 겉넓이로 감싸려니까 어딘가 접힐 수밖에. 그게 주름이야.**"

"그 정도는 저도 알아요."
"마하데반과 세르다가 한 중요한 일은 이제부터야. 비닐도 당기면 어떻게 되니?"
"주름이 생기죠."
"비닐이나 사람 피부나 사과 껍질 모두 얇은 막이야.

두 사람은 이런 얇은 막에서 주름이 어떻게 생기는지 패턴을 찾았어.

결국 주름의 크기와 모양을 예측하는 방정식을 만들어 냈지. 이 논문 세 편으로 2007년에 이그노벨 물리학상을 받았어."

주름의 패턴을 알려 주는 방정식

나이 들면 얼굴에 주름이 생겨. 잔주름도 생기고 굵은 주름도 생겨. 모양도 여러 가지야.
피부 상태와 자외선 노출 정도 등에 따라 내피가 오그라들려는 힘, 외피가 주름지지 않으려고 버티는 힘, 근육의 탄력 등이 달라지거든. 마하데반과 세르다는 그런 조건에 따라 주름의 굵기와 모양을 예측했어.

예측한다는 건, 조건을 입력하면 주름의 굵기와 모양을 출력하는 *방정식을 만들었다는 거야.

방정식이 뭐냐고?

2+3이든 □+4든 글자가 아닌 수나 기호로 쓰는 걸 식이라고 하잖아. 식 중에 방정식이라는 게 있어.

이런 식 본 적 있지?
□+5=8
□+△=12

네!

x+5=8, x+y=12라고 쓸 수도 있어.

세모, 네모 대신 엑스, 와이로 쓰니까 더 멋있어요!

이런 걸 방정식이라고 해. 마하데반 방정식에는 엑스, 와이만이 아니라 문자와 기호가 엄청 많이 등장해. 이해하기 쉽지 않아!

마하데반과 세르다가 만든 주름 방정식을 어디에 쓰냐고?

네가 좋아하는 애니메이션 얘기를 하자.
애니메이션에 등장하는 인물들 모두에게는 똑같은 특징이 하나 있어.

마하데반 방정식을 이용하면 애니메이션에서 진짜 사람처럼 주름이 있는 시람, 진짜 옷처럼 자연스럽게 흘러내리는 옷을 볼 수 있게 되겠지?

마하데반 방정식으로 주름의 비밀을 벗기는 연구가 한층 더 발전하고 있어.

금속이나 실리콘의 주름을 제거해서 표면을 더 매끈하게 하는 높은 차원의 기술이 탄생할 거야. 뇌 주름을 연구해서 뇌의 비밀을 밝히는 데도 도움이 될 거야.

교과 연계가 궁금해요

목차	이그노벨상 수상 내역	교과 연계
1. 하루에 거짓말 몇 번이나 하니?	2016년 심리학상	2학년 2학기 표와 그래프
2. 어느 나라 지폐에 세균이 가장 많을까?	2019년 경제학상	2학년 2학기 표와 그래프
3. 코뿔소 이동 대작전	2021년 운송상	2학년 2학기 표와 그래프
4. 롤러코스터 타면 결석이 치료된다고?	2018년 의학상	3학년 2학기 자료의 정리
5. 차가 먼저냐, 우유가 먼저냐?	1999년 문학상	중학교 1학년 수와 연산
6. 스마트 좀비가 나타났어요!	2021년 물리학상	4학년 1학기 규칙 찾기
7. 키보드는 고양이를 알아채!	2000년 컴퓨터공학상	2학년 1학기 분류하기
8. 차에 붙은 그 찐득한 것	1997년 곤충학상	3학년 2학기 자료의 정리
9. 왜 내가 서 있는 줄만 길까?	2003년 공학상	5학년 2학기 평균과 가능성
10. 사과와 피부의 공통점은?	2007년 물리학상	중학교 1학년 방정식

파이쌤이 알려 주마 — 용어가 궁금해요

알고리즘 [45쪽]

떡볶이를 만들 때도 순서가 있고, 밥을 먹을 때도 절차가 있어. 무언가 하기 위해 정해진 순서 또는 절차를 알고리즘이라고 해. 알고리즘은 컴퓨터가 등장한 이후에 급속도로 발전했어. 컴퓨터에게 일을 시키는 건 사람에게 일을 시키는 것과 다르기 때문이야. 컴퓨터에게 1만 개의 수를 주면서 어느 수가 가장 크냐고 물으면 컴퓨터는 두 개씩 비교하면서 작은 수를 버리는 과정을 반복해. 그 절차가 알고리즘이야.

패턴 [52쪽]

패턴은 어떤 단위가 일정한 순서로 반복되는 걸 말해. 규칙이라고 생각해도 돼. 봄, 여름, 가을, 겨울은 계절의 패턴이야. 1, 3, 5, 7……도 패턴이고 삼각형, 사각형, 오각형……도 패턴이야. 꽃잎에도, 파도에도, 사람의 행동에도 패턴이 있어. 수학을 이용하면 그런 패턴도 찾을 수 있어.

방정식 [85쪽]

3+□=5는 □가 2일 때만 참이야. □의 값이 2가 아닐 때는 거짓이야. 이렇게 □의 값에 따라 참이 되기도 하고 거짓이 되기도 하는 등호가 있는 식이 방정식이야. □ 대신 x라는 문자를 쓰기도 하는데, 문자가 여러 개인 방정식도 있어. 자연에서 찾은 패턴을 수학자·과학자들은 방정식으로 나타내. 아인슈타인은 시공간이 휘는데 에너지 분포가 얼마나 영향을 미치는지 관계를 알아내서 아인슈타인 방정식을 만들었어.